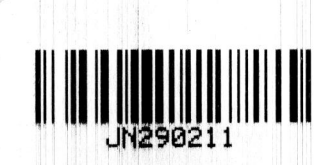

勉強できる子になる魔法の法則《まほうのほうそく》

学力・脳力・得点力全て30%UP!

金子 保 著

オクムラ書店

☆　勉強できる子になる魔法の法則

人物紹介

法則 0 ⇒だらだら学習に意味はない

法則０⇒だらだら学習に意味はない

短時間で成績の上がる方法？

毎日必ず２時間は勉強している、なのに中々成績が上がらない。逆に１日20分程度しか机に向っていないのにテストでは必ず上位に入る。皆さんはどちらのタイプですか？　どちらになりたいですか？　もちろん後のほうですよね。

「じゃあどうすればいいの？」

簡単なことです。それは

「効率よく勉強すること」

１日は24時間。これは誰にとっても同じ条件です。この限られた時間で「学校、食事、遊び、塾、習い事、寝る……」などをこなさなくてはなりません。自宅で勉強したくても時間が取れない人も多いでしょう。だからこそ効率よくやることが大事なのです。

	勉強時間	テストの得点
	2時間＝120分	100点
	1時間＝60分	100点
	30分	100点

上の表を見てください。これは勉強した時間とその後のテストの成績です。

「＝＝＝100点」

得点はみな同じ100点ですね。でも勉強時間をみるとは2時間、は1時間、はなんと30分だけです。ということははの2倍、はの4倍も効率が良い勉強をしているのです。極端な話ですが、もし3人と

も勉強時間を30分と決めたら

	勉強時間	テストの得点
	30分	25点
	30分	50点
	30分	100点

「＝25点　＝50点　＝100点」

となってしまうのです。

ですからまず大事なのはとにかく

「短時間でも集中してやる」

と心がけることです。

私は今まで多くの学校で講演をしてきました。

またたくさんの生徒さんに、直接指導も行ってきました。その時にいくつかヒントを話しただけで、テストの得点UP、成績評価の上昇などにつながりました。それらをまとめたものがこの本です。法則１から８までならんでいますが、順番に読まなくても構いません。あるいは

「そんなのジョーシキだしぃ、わかってるからぁ」

と思うかもしれません。そういうところは飛ばしても平気です。おもしろそうな部分だけでも読んでみてください。それでも

「ぜんぜんOK」

な本になっているので気軽に実行してください。あなたの成績やテストの点数は必ずグンと伸びるはずです。

さあ、始まりますよ！

法則1⇒暗記や記憶は「復習力」で身に付く

法則*1*⇒暗記や記憶は「復習力」で身に付く

「覚える」とは脳に「記録する」こと

ちょっと前でしたらビデオやカセットを例にしていましたが、今の皆さんにはパソコンをイメージしてもらったほうがよいでしょう。大事なメールやデジカメの写真など、保存しておきたいものはパソコンに記録しますよね。同じように皆さんが暗記する人名や年号、計算式などはあなた自身の脳に記録されているのです。

「忘れる」ことは当たり前

昨日覚えた英単語や三日前に習った○○の法則、なぜかもう忘れている。だから私は

「暗記モノは苦手」

と決めつけていませんか？　それは大きな間違いです。一般的に、人間は一日経つと約60%のことを忘れてしまうと言われています。ならば残りの40%、ここをうまく活用すればよいのです。必要なことや大事なことはここにしまっておけば良いのです。学校や塾で勉強したこと全てを覚えるなんてできないのです。

ですから的を絞って暗記することで効率よく身に付けるようにしてみましょう。

コツは「集中」「工夫」「繰り返し」だ！

それでは具体的なコツをご紹介していきましょう。まずは

復習のコツ①一度に二つは覚えるな

「えっ、楽勝じゃん。一日に単語ひとつとか？」

と思いましたか。残念ながらそこまではいきません。それではせっかくの記憶スペースが大幅に無駄になってしまいます。ここでは

「関係の無いことに手を出さない」

という意味です。例えば英語の勉強をするなら、まずそれ一本。他の教科などに思いつきで移らないということです。

「やべっ、数学の宿題まだだった」

「明日、漢字の書き取りあんだよねー」

と途中でほかの勉強に移るのはとても効率の悪い勉強方法なのです。思い立ったら即実行も良いのですが、効率よく記憶するには一つに集

中することが大事なのです。

「今日は苦手な数学」

「晩御飯までは英語」

と決めてそれを守ってみてください。

復習のコツ②妄想・ながらはするだけ損

さすがにテレビを見ながら勉強するという人はいないと思います。もし

「えぇ、なんでー」

と思ったなら、今すぐそのクセは直してください。できない場合はこの本を閉じちゃってください。

さて話がそれましたが、テレビ以外にも音楽を聴き**ながら**、お菓子をつまみ**ながら**、携帯をいじくり**ながら**、などは生徒さんに聞くと割と多数派のようです。

「リラックスできるし、いいじゃん」

「ついメールが気になるんだよね」

でもダメです。とにかくダメなものはダメ！

ながらで覚えると翌日には忘れる60％行き

確実です。今日の勉強を無駄にしたくなければ

「気が散ることをしない」

が鉄則です。同じように妄想やぼんやりも禁止です。

「二組の○○、カワイイ／カッコイイ」

「担任の○○って本当にウゼー」

など色々あるかとは思います。でもまずは勉強に集中。妄想やぼんやりはお風呂やトイレ、布団の中でしてください。

復習のコツ③「西向く士（サムライ）」を使え

暗記の古典的な方法の一つに

「語呂あわせ」

があります。皆さんも学校や塾、あるいは参考書などでよくご存じかと思います。

「なんだよ、それ普通すぎじゃね」

確かにその通りです。でもこれがある意味最強の暗記法でもあるのです。試しにお父さんやお母さんに

「ウグイス 794（なくよ）」

の続きを聞いてみてください。きっと

「平安京」

と答えがすぐに返ってくるはずです。では

「一週間前の晩御飯のおかずは？」

と聞いてみましょう。多分ウーンと考えこん

でしまうはずです。

凄いと思いませんか？　人間は一日で60%を忘れると言いましたよね。けれども

「語呂あわせなら十年、何十年経っても」

覚えていられるのです。これほど効率的な方法を使わない手はないでしょう。ちなみに「西向く侍」とは小の月（2. 4. 6. 9. 11月）のことです。

復習のコツ④「語呂あわせ」は自作でOK

どこかで見たり教わったりしたものでも何も問題はありません。でもたまには自作してみるのも楽しいものです。先ほどの「西向く士」のように数字をカナに置き換えたり、頭文字を並べてつないだり、自分のやり方でとりあえずひとつ作ってみてください。実は

「自作のほうが効果大」

というケースが多くあります。

○　むきやうさみふはなかしし

(連想：向き合う夫婦はなかししと語呂を合わせて覚えました。)

これは、陰暦の別称を思い出すのに考えたものです、月の名前のはじめの文字をつないだもので、私の自作です。

む	むつき	睦月	1 月
き	きさらぎ	如月	2 月
や	やよい	弥生	3 月
う	うずき	卯月	4 月
さ	さつき	皐月	5 月
み	みなづき	水無月	6 月
ふ	ふみつき	文月	7 月
は	はづき	葉月	8 月
な	ながつき	長月	9 月
か	かんなづき	神無月	10 月
し	しもづき	霜月	11 月
し	しわす	師走	12 月

もう世間では「おじいさん」と呼ばれるような年ですが、これははっきりと覚えています。教科書や先生に習ったことはほとんど忘れてしまっても…

ですから皆さんもぜひ試してみてください。

復習のコツ⑤「読む」「書く」を繰り返せ

「そんなのメンドーイ、ウザーイ」

ですよね。でも簡単で楽ちん、だとは思いませんか？　だって同じことを繰り返してやっていればいいのですから。

「でもすぐにあきちゃうよ」

そんな時にはひと工夫してみてください。「読む」なら音読に切り替えたり、裏声や鼻をつまんで読む。「書く」なら絵文字や丸文字っぽくしてみる。などなど色々と手はありますから試してみてください。

「繰り返すことでより深く」

脳に記録することができ、スグに忘れることがなくなるのです。

Ca=
H_2O=

復習のコツ⑥まずは復習、余裕で予習

皆さんは学校から帰ってまず予習と復習、どちらからやりますか？　予習と答えた方、それでは×です、効率が悪い勉強方法です。

「もうわかってることやったって意味ねー」

はい。では説明しましょう。よくいわれますが、勉強って積み重ねなんです。だから前の段階でつまづいたり、忘れたりしたら次もアウト。予習したって役に立ちません。復習で

「深く脳に刻んで忘れない」

ことが肝心なのです。今「わかってる」「覚えてる」ことでも、明日や一週間後には脳のゴミ箱に入っているかもしれません。そうなってからやり直しでは時間のムダです。効率UPにはまず復習を徹底しましょう。

「復習力」を
身に付け
ましょう！

法則２⇒勉強は「計画力」でしたくなる

法則２⇒勉強は「計画力」でしたくなる

帰宅後５分が勝負の時だ！

皆さんは学校から帰るとまず何をしますか？

「ベッド／お風呂／トイレへ直行」

ダメダメです。

「ごはん／おやつ／へGO」

これもダメ。正解は机に向かって

寝るまでの計画作り（めざせ！５分以内）

です。簡単なのでちょっと一緒にやってみましょう。付録の①を使います。この時に教科書やノート、宿題なども机の上に出しておくと便利です。

まず「タイムテーブル」をあなたの帰宅と就寝に合わせて記入してください。

タイムテーブル	生活と楽しみ	勉強
16:00(午後4時)		
16:30		
17:00		
17:30		
18:00		
18:30		
19:00		
19:30		
20:00		
20:30		
21:00		
21:30		
22:00(午後10時)		
22:30		

次は「生活とお楽しみ」です。ここには

①生活習慣

（食事・入浴・おやつ／塾・習い事などの決まり事）

②お楽しみ

（テレビ・音楽・ゲーム・パソコン・携帯・趣味など自分のしたい事）

を記入してください。ここは**ながら**でも大丈夫です。例えば「お風呂＆ぼんやり」とか「おやつ＆マンガ」「夕飯＆テレビ」でもいいですし、「ゲーム＆携帯」「音楽＆パソコン」でもOKです。ただしお楽しみが多すぎて勉強用の余白がない、なんてことにはならないようにしてください。

タイムテーブル	生活と楽しみ	勉強
16:00(午後4時)		
16:30	おやつ＆音楽	
17:00		
17:30		
18:00	お風呂でのんびり	
18:30	休憩、テレビかな	
19:00		
19:30	夕飯みながらテレビ	
20:00		
20:30	携帯でメール	
21:00		
21:30		
22:00(午後10時)	ここらで寝る	
22:30		

最後が「勉強」です。塗りつぶしていない箇所があなたの勉強したい時間ということです。

まずはそこで机に向かって色々とやってみてください。慣れてきたら空白欄に教科や具体的な内容（復習やテスト対策など）を書き込めるようにすると良いでしょう。

その内、この表を作らなくても、頭の中だけで自分のスケジュールが組めるようになるはずです。

とにかく、まず帰宅後にはこれをするようにしてください。毎日がダメなら二日に一回、

あるいは三日に一回でも構いません。書くのが嫌なら頭の中だけでもいいので、自分で実行できるペースでやってみてください。

タイムテーブル	生活と楽しみ	勉強
16:00(午後4時)		予定を立てる
16:30	おやつ＆音楽	
17:00		苦手な数学復習
17:30		
18:00	お風呂でのんびり	
18:30	休憩、テレビかな	
19:00		英検対策
19:30	夕飯みながらテレビ	
20:00		やっぱり数学
20:30	携帯でメール	
21:00		学校の宿題
21:30		塾の宿題
22:00(午後10時)	ここらで寝る	
22:30		

計画を拡げてみよう！

さて、とりあえず一日の予定を組むのに慣れてきたら、これを一週間、一か月でやってみましょう。

「ぜってームリ」

などと言わずに試してみてください。細かく設定する必要はないのですから。あくまでも

大まかな目標

ぐらいに考えてください。例えばテストが近づいてきたら、そこを目安に

とにかく勉強⇒テスト⇒三日は休む⇒また勉強

といったアバウトなもので構いません。

計画達成のコツは二つだけ！

「計画は必ず計画倒れ」

「あたしってそーゆーの苦手な人だから」

そうですよね。よく新聞やテレビでも

「政府は○○計画を見直し」

「○○社は業績予想を修正」

などと報道されますよね。大人だって偉そうにしてても計画達成に失敗するんですから。

「でしょ、だからぜってームリ」

などとハナからあきらめないでください。大丈夫です。実はどんな人でも達成できるコツがあるんです。これさえ押さえておけばどんな計画も平気です。私の見てきた生徒さんも必ず成功しています。まずは試してみてください。

計画のコツ①内容は少なめで始める

計画が失敗する最大の要因、それは詰め込みすぎです。「できる／できない」に関わらず、「やりたい／やらなきゃ」を第一に考えてしまうからです。特に真面目な生徒さんほどこの傾向が強いようです。もちろん自分で

「できないからムリ」

と決め込むのは間違いです。けれど限られた時間でできることにも限りがあります。ですからまずは

「できる／できない」ではなく「できそう」

な計画にすることが重要なのです。であれば、まずは少なめから始めて、だんだんと内容を濃いものにしていけば計画は必ず成功するはずです。

計画のコツ②余裕を持って休むときは休む

目標と計画、大事なのは目標の達成ですよね。計画はあくまでもそのための手順でしかないのですから。ところがいったん計画を立てるとこちらに振り回されて、なにが何やらといったパニックになってしまうことがあります。そんな時、そうならないためには

一度休んで目標を思い出す。

ことをおすすめします。例えばテストの三日前。計画では寝るまで勉強だからと無理して起きてても効率が悪いので成果はあまりありません。それどころか体調を崩せばマイナスになってしまいます。目標はテストの成績なのですから、思い切って布団に入って次の日に取り返せばいいのです。

「反省だけなら誰でもできます

「なんかうまくいかない」「書けない」

そんな時にはとりあえず、昨日のあなたの一日を書き込んでみてください。どうです？　無駄な時間が多くありませんか。まずこの見直しからはじめてみるのもアリですよ。

法則３⇒「集中力」で実力以上が出せる

法則３⇒「集中力」で実力以上が出せる

最速・最強！　15秒で誰でもできる

いろいろと説明したい事はあるんですよ。でも最近の生徒さんは

「なんか楽な方法ない？」

「先生、ソッコーで効くのある？」

とくるので、いきなりこれにいってみますね。付録の②を使います。

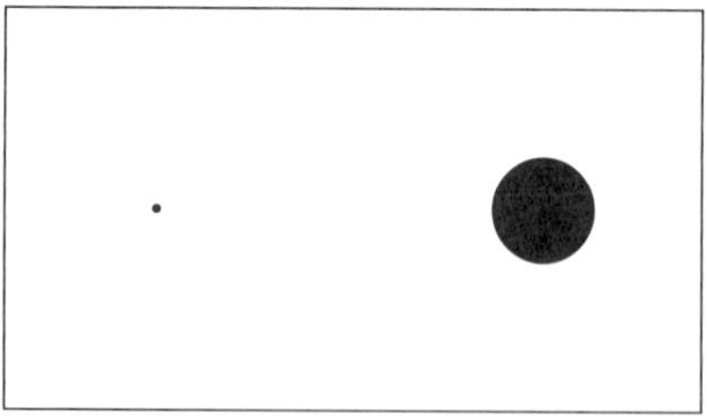

まずは右の大きな●を15秒間みつめてください。時計は見ないで、心の中でカウントして下さい。

ハイ、**続いてすぐに、ただちに、よそ見をしないで左の小さな・を見る！**　どうですか？

・のまわりにぼんやりと白い輪がみえるでしょう。見えたあなたは大丈夫。このままテストでも何でも実力以上が発揮できるはずです。

「そんだけ？　なんでぇー」

残像とか暗示とかいろいろ説明してもいいんですが、種明かしには生徒さんがあまりのってこないんですよ。なので省略。

実際にある学校でテスト前にこれをやったクラスとそうではないクラスの比較をしたところ、平均点で10点以上差がついたことがあります。ですからとにかく

テストに勉強。開始前には「・　●」集中法を心がけてください。

集中のコツ①ひたすらプラス思考でノッて行け！

勉強やスポーツ、ゲームに熱中。でも、何かに行き詰ってしまった。そんな時に突然

「ひらめいた」「できちゃった」

ことがあるでしょう。すると

「おっしゃー、のってきた」

「キター、これならいけそー」

心がふわっと浮き立った感じになるはずです。

これを常にイメージしてください。そうすることで本来の実力がMax以上に発揮できるはずです。もし、ふとしたことで

「ダメだ、イヤだ、もうデキナイ」

とマイナス思考にはまってしまったら…。こうなると実力の半分も出せなくなってしまいます。

そんな時にはあの感覚を思い出しながら

「落ち着け・できる・大丈夫」

と心の中で呟いてください（もし声に出す場合はまわりを確認すること）。それから、前のページの「・　●」集中法をもう一回やってみれば、なんとびっくりまた白い輪がみえてくるはずです。

集中のコツ②「習うより慣れろ」！　惑わされるな

テスト前のシーンとした雰囲気、模擬試験会場のざわつき、これらに飲み込まれてついアガッテしまう。あるいは

「晩御飯の匂いがしたからもうダメェー」

「隣で弟が聞いてる音楽がウゼー」

と集中がとぎれてしまう。ありがちですよね。

これは

「外的要因による精神安定の失調」

ですね。たまには小難しいことを言ってみました。平たく言えば

「○○○○だから集中できなーい」

ということですよね。これに対応するには二つの方法があります。まずは

当たり前だと頭と体を慣れさせてしまう

方法です。わざとテレビやCDのうるさい部屋で勉強したり、空腹時にあえてそのまま宿題をやってみることで様々な悪条件でも集中力をそのままにできる訓練をするのです。

次はやっぱり

「・　●」集中法をもう一回

です。なんたって最強／最速の方法ですから。

「なんだよ、それー」

「どんだけ「・　●集中法」頼みなんだよ」

だって最強・最速なんですから、しかも実際に成功している生徒さん多数なんですよ。

集中のコツ③消しゴム一つで本番に強くなれる！

いよいよ本番だ！という時、皆さんは緊張しますか？アガってしまいますか？

「いや、もう余裕で気合入りまくりだし」

それは良いのですが、逆に空回りしては困りものですよね。とにかく、テストの前にこのような消しゴムを用意してください。

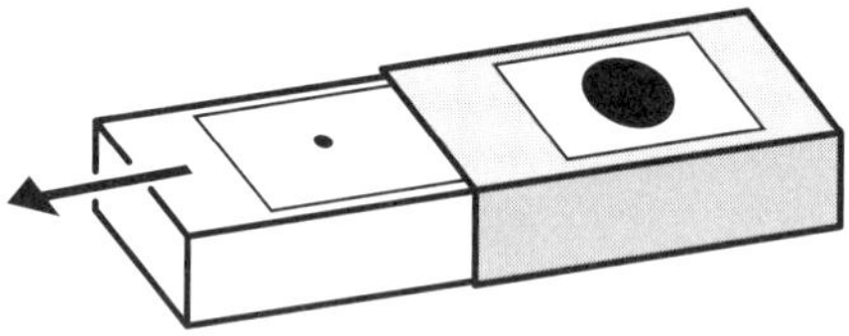

付録②や裏表紙を使っても、あるいは市販のシールを活用しても構いません。二色の組み合わせを色々試してみても面白いと思います。但し、ラメ入りやキラ系は使わないこと。

用意ができたら、「・　●」集中法です。

そして輪が見えたら心の中で

「今日はイケる、落ち着いてる。」

「これで実力以上だ」

と唱えてみてください。心の中でいいんですよ。声に出さずにね。「　」の中のセリフはアレンジしても OK です。さてこれができたら次は何をすれば？

何もありません。これだけです、後はテスト用紙に向かってあなたの実力を存分に見せ付けちゃって下さい。必ず普段以上の力が出せるはずです。

集中のワケ「集中力」で100%以上が出せるのは

もちろん理由があります。先ほどまではなるべく単純に簡単に説明してきたので、ちょっと

「うそくせぇー」

とお思いになったのではないでしょうか。まぁそれでも良いのですが、一応説明を付けておきます。

集中する心は、意識的に努力しても集中できないときが多いのです。あるものに注目し続けようとしても、気が付いたときには別のことに関心が向いていた、なんてことも良くあるでしょう。

先生の話をもらさず聞こうとしても気付いたときには別のことを考えていたということです。

この集中法では●をじっと注目していないと、・のまわりに残像が出ないのです。つまり途中で関心が別の物に向いてしまったり、視線が別のところを見てしまったということです。残像が出るということは、心が集中している状態なのです。

一般的には、気の散りやすい人は、残像が出にくく、普段家で勉強しているときも、先生の話を聞いているときも無意識に集中が切れているのです。

この方法を練習することで集中持続力も高まります。また集中力が高まっているかを自分で把握することも出来るのです。

「集中力」で１００％以上の力を出そう！

法則 4 ⇒「見直し力」で苦手はなくせる

法則 4 ⇒「見直し力」で苦手はなくせる

テストを返されたら、一度は見直せ

テストで百点。嬉しいですね。大体皆さんは80点くらいまでは「やった」と喜んでも

50点以下だと

「サイアクー、親に言えないしぃ」

「あーぁ、これでゲーム没収かも」

ですよね。でも反対にそういう時こそ喜んでください。なぜなら

出来の悪かったテストは宝の山

なんですよ。では宝とは何か。それはあなたの誤答、つまり✓のことです。なぜ間違えたり、わからなかったりするのか。それを✓は意味します。そこがあなたの弱点なのです。

そこを重点的に復習したり、気をつけるようにすれば効率もあがりますよね。

そして次は✓がなくなる＝100点達成となるわけです。

見込み点加算法でやってみよう

テストを見直す際に、ただぼーっと正解と突き合わせていてはあまり意味がありません。それに楽しくないですよね。

ところが、ある方法を使うとどの生徒さんでも、やる気を出してくれるのです。それが見込み点加算法です。

やり方は簡単。✓の箇所をを見ながら

「ここは単純な勘違いだから2点プラス」

「式は合ってるから4点プラス」

といった具合に✓の内容によって点数を加算していくのです。そうするともともと65点のテストが実は90点になったりします。

「それ、どんなインチキよ」

「ありえなくね、だって65点は65点じゃん」

いいえ、違います。

見込み点加算法で出た得点が真の実力

それをあなたは今回は十分発揮できなかっただけなのです。

見直しのコツ①不注意にご注意

実際に見込み点加算法で生徒さんを指導すると本当に多いんですよ、ケアレスミスが。誤字脱字、計算ミス、問題の読み違い、などなど。もったいないですよね。確かに設問が良くない場合もあります。例えば

「次のうち、正しいものに◯をつけよ」

ならば正答率が高いのに

「次のうち、正しいものに×をつけよ」

とするとたんに間違える人が続出してしまうのです。だからと言って

「あたしじゃなくて、テストが悪いんだし」

と開き直っても仕方ありません。もし大切な入試などであれば、ここが合否の分かれ目となってしまうかもしれないのです。

そうならないためにも、適当な語呂あわせで構いません。

「ちょっと待て、それでいいのかこの答」

「問題は読み直すことで理解する」

「計算は二回・三回繰り返せ」

などのフレーズを考えて、テストの時に心の中で呟いてみるのがおすすめです。

見直しのコツ②不足分を満足分に

先ほどの例で考えましょう。もとは65点のテストが見込み点加算法で90点になりました。では足りない10点分は？　そう、あなたが

「知らない／わからない⇒おてあげ」

だったからです。ならばここをどうにかしてやらなくてはなりません。

まずはこれが

「すでに学校や塾で習ったことがあるか」

を判断しましょう。もし学習済みであればやることはひとつ。とにかく復習を中心にしてください。教科書や参考書でまず理解できるように。続いて類似の問題も解けるぐらいまで徹底するとかなり効果があがるはずです。

見直しのコツ③見たことなければ調べよう

「見たことも聞いたこともねー」

ならばどうしましょうか？

教科書や参考書はもちろん、辞書に事典。思いつく限り調べまくってください。先生や友達に聞いてもかまいません。ここで大切なのは、

なるべくインターネットに頼らない

ことです。「ググる」のは簡単なのですが、寄り道することで幅が広がることも大切なのです。

「効率よくないじゃん」

いいんです！　逆にこの場合はこちらの方が効率が良いのです。とにかく「調べ物は、まず活字や人に聞く」が原則です。

「見直し力」で
苦手を
なくそう！

法則５⇒確認・評価で「段取り力」を養う

法則5⇒確認・評価で「段取り力」を鍛える

「何を、何のために勉強するのか」目的確認

「うわっ。出たよ、ムズカしそーなのが」

いえいえ、その、なんというか、哲学とか倫理とかそんな話ではないのでご安心ください。もっと単純な話ですから。自宅で机に向かう際に、

「今日は○○を△△ために□□しよう」

とちょこっと考えてみる。ただそれだけ。

「○○」の部分には国語や理科などの教科でも、宿題や復習などでもOK。

「△△」には理解する・できるようにする、などでもいいですし、期末試験対策の、小テストの、などでも構いません。

最後に「□□」の部分。ここには具体的な方法を入れてください。問題集をする、辞書を引く、教科書を読み直すなどです。もちろん、実際にはこれ以外のことに手を出す必要が出てくることもあるでしょう。

大事なのは

その勉強で何をしたいのか、そのために何をすれば良いのか。

これをハッキリさせてから勉強してください。自分でわかっていればそれでよいのです。別に他の人にはわからなくとも平気です。

毎日机に向ってだらだら学習のあなた！

ぜひ一度ためしてみてください。

「でも、そんなのやったことねーし」

という方のために付録③をご用意しました。

ではやってみましょう。

まずは「**○○を＝対象**」枠に記入です。

○○を＝対象	△△ために＝目的	□□しよう＝方法
方程式		
英単語 30 個		
宿題		

次に「**△△ために＝目的**」です。

○○を＝対象	△△ために＝目的	□□しよう＝方法
方程式	理解する	
英単語 30 個	覚える	
宿題	終わらせる	

最後に**「□□しよう＝方法」**です。

○○を＝対象	△△ために＝目的	□□しよう＝方法
方程式	理解する	問題集をやる
英単語 30 個	覚える	辞書を引く 教科書を読む
宿題	終わらせる	ガンバル

ハイ。もう出来上がりました。、もう笑っちゃうぐらいに簡単ですね。

「最後の宿題ガンバルっておかしくね」

いえいえ。そんなことはありません。最初はこんなものでいいんです。ちゃんと

「今日は○○を△△ために□□しよう」

になっていますよね。それなら OK です。

「どれだけできたか」評価テスト

せっかく目的ができたのですから、それをどの程度できたのか、評価してみませんか。テストの点数や通知表、自分でつけられたらどんなにいいか。皆さん一度は思ったことがあるでしょう。

幼稚園や小学校のころ、こんなハンコを押してもらったことありませんか。

「なつかしー」

「いっつももっと頑張りましょうだった」

はい、付録の④にご用意しておきました。

これを使いましょう。

やり方は簡単。

「□□したから○○を△△できたかな」

を考えて、判断するだけです。先ほどの表で言うと

「問題集をやったから方程式を理解できたかな」を評価するということです。

再度、別の問題集で確認したり、覚える箇所を隠してみたり、どんな方法でも構いません。

ダメダメ⇒イマイチ⇒まあまあ⇒カンペキ

こんな感じで評価してみてください。それに合わせて付録のシールをどうぞ。

が 10 枚たまったら「自分へごほうび」

などを決めてもいいでしょう。家族の方に評価テストをしてもらってもいいですね。

段取りのコツ①範囲や区切りは短めに

さて、この確認・評価の勉強方法をする際にはなるべく短い時間で区切るようにしてください。そうですね。とりあえず20分で一セット、くらいでいいと思います。

例えば

○○を＝対象	△△ために＝目的	□□しよう＝方法
英単語30個	覚える	辞書を引く 教科書を読む

を目的としましょう。この場合、

「□□＝辞書を引く／教科書を読む」

に15分、評価テストに5分。こんな感じで良いでしょう。

「えぇー？　そんなんでいいのぉ」

「ひょっとしてバカにしてね？」

はい、文句を言わずにまず試す！　どうでしたか？

「もうね、楽勝すぎて笑っちゃうよ」

という方はかなりの「段取り力」ですね。

さらに一歩進めてみてください。

「今日は20分1セット×3で一時間やる」

などなど、自分なりの方法で構いません。大切なのは

自分の都合や時間に合わせて区切る

ことです。これなら限られた時間を有効に活かすことができるでしょう。

「部活や塾に習い事、何かとお忙しい人」

でも実行可能で有効な勉強方法なのです。

段取りのコツ②「次の一手」を考えろ

人間って基本的にはナマケモノだと思います。だから一区切りするとすぐに一息入れたくなるんですよね。まぁ、仕方ないです。リフレッシュして次に備えましょう。ところが！　ここでつまづく人が多いんです。

つい、だらだらと「一息」状態が続く

次は何をどうすりゃいいの？　とパニクる

どうですか？　身に覚えがありませんか。

「うん、ありがちー」

そんなあなたの解決策は

「一息」は内容をは決めてから

取るようにすることです。これは5分・10分といった時間でも、スナック一袋やメールを二通などの数でも構いません。

とにかく決めた時間や数が終わったら、さっさと切り上げるよう心がけてみてください。もうひとつ

「一息」前に次の段取りをしておく

ことも有効です。これで確実にさっと次へ進むことができるようになります。

例えば机を離れる時には次の

○○を＝対象	△△ために＝目的	□□しよう＝方法

を紙に書いておく、用意するものがあれば出しておくようにしてみましょう。

「段取り力」を鍛えましょう！

法則 6 ⇒自家製テストで「総合力」を鍛える

法則６⇒自家製テストで「総合力」を鍛える

テスト作りで実力・学力が大幅 UP

さて、いよいよ「本書のキモ」に当たる部分です。「キモ」と言っても「キモイ」のではなく、「肝心」な場所ですよ。なので、ここだけはキッチリと押さえておいてくださいね。順番にゆっくりと説明しますから。

慣れてくれば法則５の評価テストも作れると思います。が、初めはとりあえず

目指せ！　10問＝100点分を作ろう

で行きましょう。

「そんなの作れっこねーし」

「作れるぐれーなら勉強なんてしねーよ」

まぁ、そうはおっしゃらず、やるだけやって

みましょう。

テストは誰がどうして作っているの？

中間・期末に模擬試験、もちろん中学・高校・大学入試、更には資格や入社まで。

なんか人生って試験だらけでうんざりしますね。だからといって逃げまくっているわけにもいかないですし……ごめんなさい、話がそれてしまいました。そう、この山盛り／てんこ盛りのテストって誰が作っているんでしょう。それは

「先生、講師、教授、部長、社長。。。」

そう、どれも

誰かに教えたり、誰かを指導するエライ人

ですよね。その人たちがみなさんは

問題についてどの程度わかっているのか

を測るモノサシとしてテストを使っているのです。

「そんなの当たり前じゃん」

では、あなた自身がテストを作ることができるとしたら、

あなたは先生と同じ程度に理解している

ということになります。すごいじゃないですか。もちろん、今すぐ先生と同レベルのテストを作れ。というわけではありません。最初は3問程度でよいのです。テスト作りでより深い、記憶と理解が得られることこそポイントなのです。

問題作りは解答探し。知らなきゃできない

と覚えてください。

「答えがわかってるテストに意味あんの」

あるから言ってるんです！。余計なツッコミは入れない！　問答無用でやりましょう。

テストを分析してみると？

まず、皆さんが実際にテストを受ける時。どんな問題が出題されていますか？　そこを考えましょう。

大まかに三つに分けられると思います。

「なにそれ？」「どんな三つよ」

知りたいですか？　じゃあお教えしますね。

基本パターンは三つだけ

取りあえず分けてみましょう。詳しくは後で説明をしますが、まずは

①穴埋めや語句書き出しなどの「暗記モノ」

です。

「□にあてはまる語句をこたえよ」
「□と同じ仲間を５個挙げよ」
「1時間は□秒ですか」

などがこれにあたります。やや単純で

知っているか？　覚えているか？

を聞いてくるものです。

②基本知識や公式を応用する「考えモノ」

よく見かけるのが

「次の文章を和訳せよ」
「下の図形の面積を求めよ」
「3時間20分は何秒か」

などの設問でしょう。こちらでは

基本を理解して、うまく・正しく使えるかが問われているのです。

③正しい or 間違いを選ぶ「○×モノ」

これは①と②、どちらにもあてはまることがあります。

> 「下線部の説明として正しいものはどれか」
> 「上の英文の内容に合わないものを選べ」

ここでは①と②の要素以外に

正しく判断できるか。ミスをしないか

が大切になってきます。、

さて、基本パターンはこれでよし。では実際にテスト作りにとりかかってみましょうか。

総合のコツ①「暗記モノ」は穴掘りだ

テストでは空欄を埋めますよね。じゃあ問題作りには穴埋めの反対、穴掘り方式で行きましょう。とりあえず簡単な例でやってみますか。

例文＝「日本の首都は東京です」

はい、これから問題を作ってみます。

・□の首都は東京です

・日本の□は東京です

・日本の首都は□です

あっという間に三つもできましたね。このように、文章の中から、

重要・必須・試験に出るような単語や数字を隠してしまうのです。これが穴掘りです。

実際に教科書や参考書でこれをやってみてください。この穴掘りで、単に暗記力だけでな

く、判断力も身に付くはずです。

　こんな形式でもＯＫです。英単語なら

月曜日＝Monday　　［　］＝Tuesday

漢字なら

賛成⇔反対　［　］⇔供給　全体⇔［　］

四字熟語　　呉越［　］　　［　］機［　］髪

数学なら

1 Km＝1,000 m＝［　］cm＝［　］mm

平行四辺形の面積＝底辺×［　］÷ 2

歴史なら

［　］とは［　］年に［　］を行った人物で、他にも［　］や［　］などの制定もしている。

　など、色々と考えてみるのも楽しいですよ。

総合のコツ②「考えモノ」は入れ替えで

例えばこんな問題が出ました。

下記の文章を日本語に訳しなさい。

・I am a student, He is a teacher.

・She is my mother, You are my friend.

答えは？　はい！　そこでストップ。これを問題にしてしまえばよいのです。最初は単純に答えと問題をひっくり返して

下記の文章を英語に訳しなさい。

・私は生徒です、彼は先生です。

・彼女は私のお母さん、あなたは私の友達です。

これでできあがり。

「簡単すぎじゃね」

「サルでもできるよ」

ではひとひねりしてみますか。

下記の英文を読んで設問に答えなさい。

・I am a student, He is a teacher.

・She is my mother, You are my friend.

問１　先生は誰ですか。

問２　あなたと私の関係は何ですか

問３　誰がおかあさんですか。

どうですか？　それらしくなったでしょう。

「答えがわかってるんだからあたりまえ」

はい、そのとおりです。でもね、ここで大切なのはあなたが

実際に考えることで、問題と答えの関係がより深く理解できること

なんです。「考えモノ」で試されている基本の理解と使い方、これを完全に身に付けることができる簡単・最短の方法なのです。

総合のコツ③「○×モノ」はヒッカケ作りだ

さて、ここではまず私が作った問題を見てもらいましょう。

次のうち正しくない記号に○をつけよ

市役所	温泉	コンビニエンスストア
◎	♨	Ⓒ

いかがですか。この問題にはヒッカケの三大要素が入っているのですがわかったでしょうか？

まずは＿＿＿線の「言い換え」に注目！

本来なら「正しい」⇔「誤り」をわざと「正しくない」とし、さらに○を使って紛らわしくしています。他にも「多い」⇔「少ない」を「多くない」など様々な言い換えが使われることもあります。

次に＿＿＿線の「類似品」に注目！

似たような形や語句でミスを誘います。暗記が不十分な場合によくひっかかりますよね。

最後に＿＿＿線の「意表突き」に注目！

これ、意外とわからなかった方が多いと思います。「知らない」「わからない」ものを出題されるとついヒッカケられがちです。

さて、解答欄は全て○になるのですが、このこと自体も実はヒッカケ。「○×モノ」ではついつい「一つだけを選びがち」な皆さんの傾向を利用してみたのですが、どうでしたか。

自家製テストで「総合力」UP！

法則７⇒「常識力」がある生活習慣実行

法則７⇒「常識力」ある生活習慣実行

クドクド言われることには一理ある

この法則なんですがね。皆さんにすると

「そんなの、わかってるしい」

「いちいちうぜぇよ」

なことじゃないかと思います。多分、ご両親や先生からも口うるさく言われて

「もう聞き飽きたよ」

「でも、しょーがないんだよね」

とあまり取り合ってもみない。でもその中にも成績UPの秘密が隠されているんです。

たまには素直に聞いてみるのもいいと思いますよ。

ムダな夜更かし厳禁！　早起きは成績UPの近道

夜30分だけで構いません。早めにベッドへゴー。たったこれだけで全然違うんですよ。ある生徒さんにこれを実行してもらったら、翌週のテストで学年順位が大幅にUPしたんです。

「マジで？」

「ありえねー」

と思いましたか。じゃあ理由を手っ取り早く説明しましょう。

30分早く寝るということは、翌日の朝は30分早起きできますよね。この時間が有効に活用できるわけです。今日の予習や復習、あるいは一日の計画を建ててしまう、などなど。ここまで読んできた皆さんなら、かなりのことができてしまうはずです。あるいはリラックスタイムにしてもかまいませんよ。

「別に夜やっても一緒じゃん」

はい、そこがあなたの大間違い。よく考えてください。

夜更かしでだらだら

早起きでスッキリ

どちらが良いかは一目瞭然！　ですよね。

朝型？　夜型？　大切なのは睡眠時間だ！

「でも夜の方がなんか集中できるよね」

「朝ってどうもぼーっとしちゃう」

そうですね。割と個人差がありますよね。目が覚めたらもうスッキリ、そのままのテンションで夜まで一直線。でも夜になるとガクッとペースが落ちてしまう。という人もいれば、逆に尻上がりに調子が上がってくる人もいるでしょう。ですから

単純に早寝早起だけではうまくいかない

場合もあります。

「えーっ？　さっきと言ってること逆じゃん」

はい、慌てないでよく聞いてください。最後に説明しますから。ここで重要なのは

昼間から「ふぁー」とアクビが出ない

程度に十分な睡眠時間を取ることなのです。あなたが朝型か夜型か、あるいは運動系の部活に入っているか、など様々な要素で必要な睡眠時間は違ってきます。

「三時間も寝ればもうバッチリ」

「最低でも六時間は寝ないとダメ」

など色々なタイプがあるはずです。ですから大きな目安として、昼間のアクビを考えてください。授業中に眠くなるようなら、後30分の睡眠を取れるようにするといいですよ。

さて、89〜90ページですが、夜型の人は「早起き」と「夜更かし」をひっくり返して実行してください。ムダな早起きをやめて、その時間を夜の勉強時間に充ててください。

朝食を腹八分目に必ず食べよう

「また朝がらみかよー」

「幼稚園児じゃねーんだから」

いや、私もね。もうこんなこと言いたくないんです。でもいつからでしょうか。食べずに学校へ来る生徒さんが多くなってきました。昔は朝食では足りずに休み時間に弁当を食べる「早弁」なんてのもあったくらいでしたが…。とにかく朝食抜きは絶対ダメ！　いいですか。一日の内で一番勉強に向いている時間に腹ペコで、集中力や記憶力が発揮できなくていいんですか？

その性で受験に失敗してもいいんですか？

「いや、朝からどんぶり３杯食ってっから全然 OK」

いいえ。全然OKじゃないです。それもダメダメです。人間は

腹が突っ張りゃまぶたがゆるむ

生き物なんですよ。

「死ぬほど食ったー」

後に勉強したいと思いますか。万が一思ったとしても腹ペコと同じことです。

過ぎたるは及ばざるがごとし

自分の体調やペースに合わせておいしく食べてください。

ゲームやメールはほどほどに

一時期「ゲーム脳」って言葉が流行りました。要はゲームをやりすぎるとろくなことにならん、ということでしたね。賛否両論あったようですが、とりあえず、ここではメールと合わせて皆さんに一言

できたらやめてしまいなさい

実はこの二つ、生徒さん達が「集中できない原因」によく挙げる例なんです。

「続きが気になって、ついだらだら」

「レスが遅いとイライラする」

身に覚えがあるでしょう。どちらも中毒や依存症になりやすいものなんです。だから

できたらやめてしまいなさい

つい二回も強調して言ってしまいました。

でも現実には無理なんでしょうね。なので

１日分を自分で決めて守れる工夫

をして下さい。やっても良い時間帯を決める。１日に10通までにする。など、どんなルールでも構いません。大事なのは決めたらそれを守ることですから。

「あとすこしでレベルが上がる」

「明日朝イチの待ち合わせがまだ」

まぁ、少しぐらいなら大目に見ましょう。逆に勉強が手に付かなくなりますからね。ただ覚えておいてください。

中毒・依存になる／ならないは自分次第

なのです。

整理整頓！　机や部屋はキレイにする

「ウチの母親か！」

ってつっこまれそうですが、これも基本ですよね。でも最近は「ゴミ屋敷」とか「片付けられない症候群」など大人になってもダメダメな人もいるようです。そうならないためにも…ではありません。この法則は成績 UP が目的ですから、そこを説明しましょう。例えば机の上がごっちゃごちゃ、

これでは勉強ができません。かといって　筆記用具すら出さずに

キレイでしょ

でもだめですよね。大切なのは

必要な時に必要なモノがすぐ出せる

ようにしておくことです。勉強途中で

「あれ、シャーペンの芯がねぇ？！」

「辞書が見当たらなーい」

では集中が途切れてだらだらになりがちです。もちろん効率はゼロ、これだけは避けるようにして下さい。もちろんケータイ、○ pod、D○、P○P なんてものは全部しまい込んじゃってください。部屋の整理は次頁でやりましょう。

ラーメンやカレーをどうやって食べる？

「あれ、部屋の掃除じゃなかったっけ？」

そうですね、じゃあまずは部屋の整理から。

机まわりだけ整頓してもダメなんです。だって机は部屋の一部分。ということは本棚やクローゼット、タンスなどがきちんとしていなければ、あふれたモノが部屋に散乱し、終いには机の上を占領することになっちゃうんですね。

「まず机や部屋をかたづけなきゃ」

ではやる気もどこかへ飛んでっちゃいますよね。ということで、もしあなたの部屋が散らかっているなら、まず整理をしてください。それではここでの本題も兼ねて一言で説明すると、

かたづけ上手は勉強上手

でもあるんです。部屋の整理で大事なのは手

順や手際のよさです。実はこれ勉強も全く同じなんです。いいですか。

かたづけ＝限られたスペースを効率よく

勉　　強＝限られた時　間　で効率よく

するためにはいろいろ考える必要があるでしょう。では□□の中を入れ替えてみましょう。

ゲーム＝限られたルールで楽しく遊ぶ

メール＝限られた文字数で手早く

など色々と応用できるでしょう。ラーメンやカレーの食べ方だって同じです。

カレー＝限られたルーや具でおいしく食べる

これら日常生活の何気ないことも全てあなたの成績 UP につなげられるのです。

蛇足かもしれませんが

言い足りなかったことがあるので、一応書いておきます。まず朝食ですが、

必ず炭水化物を食べること

脳の働きを良くするのには炭水化物が欠かせません。ごはんやパン、めん類などを軽めに摂るようにして下さい。摂取しないと記憶力が落ちる、というデータもあります。

次にゲームの悪影響として

もの忘れが激しくなる

人と会話をしなくなる

すぐにカッとなったりキレたりする

などがよく見られます。一度終了したら二時間の間隔を取る、週に三日は手を出さない、などのルールを決めた方が良いでしょう。

「常識力」は大事ですよ！

法則8⇒身に付いた「力」は一生モノ

法則８⇒身に付いた「力」は一生モノ

終りが始まり？　これからが大変？

試験が終わるとホッとしますよね。でも今度は次の試験に向けて準備しなくちゃ。大変ですよね。法則６でも書きましたけど、試験に受験、就職やら資格、最近では婚活なんてのもあるみたいですから。難儀な時代に生まれちゃいましたね。そんな中で勉強している皆さんは本当に偉いと思います。なので、皆さんの

これから先の人生でも必ず役に立つ

ことを考えて、この本を書きました。法則１から法則７まで、実はどれも勉強だけではないんです。例えば恋愛でもそうですよ。

「デートの段取りが悪い⇒好感度ダウン」

ですよね。

「常識のない人と結婚したいですか？」

あまりしたくはなりません。もちろん社会に出て仕事をする時にも同様です。どれも皆さんの基本になる力なんです。試しにご両親や先生に

「仕事の時にこの法則って役立つ？」

と聞いてみてください。きっと

「おぉ、そうだな」

といった答えが帰ってくると思います。

「これっぽっちも役立たない」

と言われたら？　ある意味でその方はあなたの人生の師匠です。大切にして下さい。

身に付いた「力」は一生モノです！

法則 EX ⇒保護者の方はこちらへ

結果を求めず成果に期待

小学校の、まぁ中学年位まででしょうか。保護者の方が色々と親身になって、一緒に宿題を見てあげたり、勉強のやり方を教えたりするのは。

「いいえ、我が家は高校受験でも親子で二人三脚です。」

それでしたら問題ないでしょう。ただ私の経験では中学１～２年までがせいぜいといった感じです。子どもが大きくなるにつれ、学習面は本人に任せっぱなし。もちろん子供たちだって、友達や先生、塾などに頼るようになっていくのが普通ですから、何ら不都合はありません。

ただ生徒さん達に接していると保護者の方に

ありがちな態度や傾向があり、それが逆に子供たちの意欲を殺いでしまうケースが多いようです。具体的に言うと

保護者の求めるもの＝結果＝点数や成績

なんですね。でも子どもたちは他にも

結果を出すための努力やがんばり

といったアナログな過程も評価してもらいたいのです。極端な話ですが、こちらこそ本当に見てもらいたいと思っているように感じられます。点数や成績が良いと機嫌が良いくせに、少しでも悪いと怒ったり、落ち込んだりする保護者。子どもたちはよく見ています。例え今回の結果が悪くとも、ちゃんと努力した子には必ずその成果が身に付いています。それを信じてあげてください。

「注意・指示・命令」は親子関係次第

保護者たるもの、子どもには躾のために厳しく接する。確かにその通りですよね。でもそれにはある前提が必要なのです。それは、厳しさが通用する親子関係。これがなければ意味がないし、むしろ逆効果になることが多いのです。例えばいつも一緒に食卓に着いて会話をする、日頃から家事などの手伝いをさせる、その中で子どもの良いところも欠点も把握している。このような密接な親子関係でしたら、かなり厳しい注意や指示でも子どもは納得して聞くでしょう。

しかし、保護者の方だって仕事や家事など忙しくてなかなか時間が取れません。たまに時間が取れても、いきなり

「この前の試験はどうだった？」

「これじゃあ○○高校はムリだろ」

といった調子で子どもの反感を買ってしまう。

そりゃあそうです。子どもからすれば

「ハァ？　今更何言ってんの？　ざけんな」

といったところでしょう。最近はこのような諍いがきっかけで、暴力沙汰から殺人にまで至るケースもよく報道されています。だからといって何もかも放任するのは義務の放棄に等しいことです。今の子どもは「空気嫁」に表わされるように、雰囲気や些細な感情に敏感に反応します。ここを汲み取って

子どもなりの立場や考え方を尊重しながら

接してみてください。ナンダカンダ言っても唯一無二の大切なお子さんなのですから。

日常会話のキーワードはコレ

普段お子さんとどんな会話をしていらっしゃいますか？

「どんな内容でも、会話があるだけマシ」とおっしゃる方は前のページあたりをご参照ください。

さて、本書はお子さんの成績UPを目指すものですから、それにつながるキーワードを見ていきましょう。基本的には本人に自分の将来を考えさせることを目的としています。進路や職業に関する目的意識の有無は学習意欲に直結する大切なファクターです。と同時に皆さんのご希望や考え方をスムーズにお子さんに伝えるキッカケでもあります。片言隻句といえども疎かにしないようにして下さい。

キーワード①「学歴」

これに関しては様々な考え方があると思います。学歴のおかげで苦労した、あるいは得をしたなどなど。いろいろなメディアで言われていることですから、多くは申しません、。ひとつだけ、私自身は

学歴は絶対ではない、だが不可欠

であると思います。過度に重視してプレッシャーを掛けるのはよくありません。しかし現実に学歴によって職業選択の幅が狭くなる、などのマイナス要因があるのも事実なのです。例えば、国家資格はその多くが高卒以上が受験資格になっていることなどが一例です。これからは大学全入時代とも言われています。ある程度の学歴は今後も必要でしょう。

キーワード②「進路」

ここではお子さんの得意分野・科目・適性希望などを一緒に話しながら、色々と考えてみませんか。

「○○が得意、□□に興味がある」

といったものが何かしらあるはずです。これを尊重して、そこから

「じゃあこういった学科や学校はどうか」と話を拡げていけば良いでしょう。その時に決してやってはいけないのが親の意見をごり押しすることです。私は

親のベスト＝子どものベスト

であるとは思いません。確かに親がレールを敷いてやれば楽なのでしょう。それこそが親の義務だとの意見もあります。しかし脱線しかか

った時に、あるいは分岐に差し掛かった時、必要になるのは親の手助けよりも本人の実力なのです。これを身につけさせてあげるためにも、過度の強要は避けるべきでしょう。

それからもう一つ、お子さんの

希望や夢はコロコロ変わる

ことは当たり前のことです。意外とここで衝突することが多いようです。でもね。まだまだこれからの人生なんですよ。そして主役は本人なのですから。親はあくまでも脇役として引き立てるようにすると丁度良いと思います。

キーワード③「職業」

最近では公務員になりたいお子さんが多いとか。何だか夢がないですね。とりあえず、前項目の「学歴」でも触れましたが、ただなりたいといった漠然とした考えだけでは通用しません。ここで何か具体的な目標や希望が出てくるようでしたら、ぜひご一緒に色々と調べてみてください。資格関連の書籍などでも構いませんが、折角なのでインターネットの検索エンジンなどをつかってみることをお勧めします。それからご自分のかつての「将来の夢」とか「なりたい職業」などを正直に話してみてはいかがでしょうか。たまには照れずに隠さず、「ぶっちゃけ」で話すと意外に子供も乗ってくることが多いですよ。

キーワード④「パソコン」

前ページでネット検索をお勧めしました。これには他にも付随効果が見込めるからです。

一緒に「楽しむ」、「作業をする」

ことでより良い関係ができやすくなることです。受動的にコンテンツを、能動的にアプリケーションを、など多様な対応ができることと思います。またお子さんが

①どの程度のスキルがあるのか

②普段どのようなサイトを閲覧しているのか

③友人関係（ミクシィやプロフなど）はどうか

などを大雑把に把握しておくことも可能です。プライバシーは尊重しながら、トラブルにならないよう目を配っておくことが重要です。

キーワード⑤「テスト」

突然ですがお子さんのテスト、点数だけを聞き出して

「よくやったな」

「そんなんじゃどうしようもないぞ」

と一喜一憂していませんか。前の方でも書きましたが、こんな調子では会話も成り立ちませんよね。そこで役に立つのが本書の法則4（51P）なのです。そう

返却されたテストを一緒に見直し採点

することで、コミュニケーションが円滑に、更にお子さんの学習面における長所や弱点も一挙に掴めてしまうのです。具体的に間違いを指摘し、正解に導くことができなくても構いません。単なる勘違いや計算ミスなのか、それとも

知識や理解が不足しているのか。この二点だけでも明確になれば良いのです。後の具体的な学習方法は本書にも書いてありますし、お子さん自身で見つけさせてあげましょう。これだけでもお子さんは

親が見てくれる安心感

から悪い結果にへこむことなく、自信を取り戻すようになります。実際の試験を受けるのはみなさんではなく、お子さん本人です。いくら歯がゆくとも、代りを務めることはできません。学習面で効果的な支援ができなくとも、精神面を後押しするだけでもお子さんの成績は必ず伸びます。ただ、急にべたべたすると逆に「うざっ」と思われかねません。匙加減にはくれぐれもご注意ください。

付録①-A

タイムテーブル	生活と楽しみ	勉強

付録①-B

タイムテーブル	生活と楽しみ	勉強

付録②

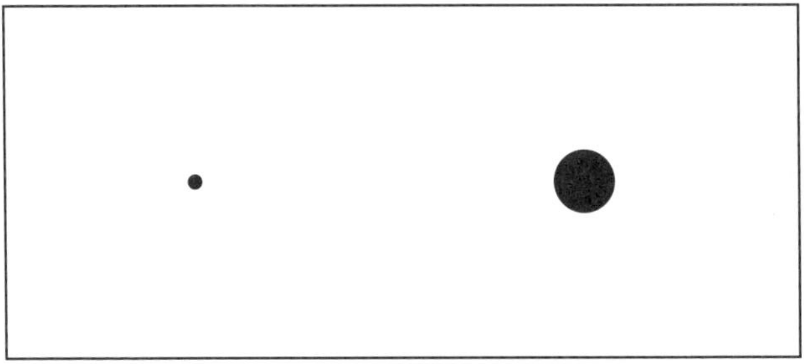

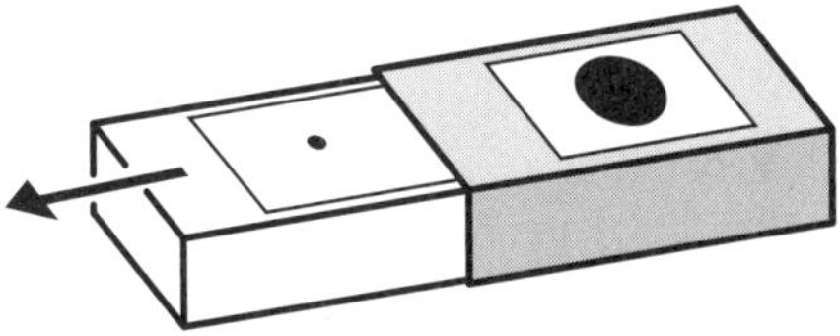

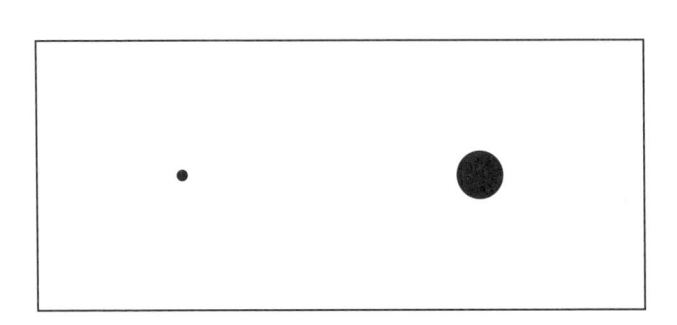

消しゴムに貼って使用してください。

付録②　使用方法（テストの時は消しごむを使おう）

まわりの人に関係なく、次の様に実行します。

「●」を 15 秒ほど、じっと見ます。そして「・」を見ます。

残像が見えたら、目を閉じて、自分に、心の中で

「今日は、落ちついているぞ、実力が出せるぞ」と自分に言いきかせます。効果は現れますよ。

（これは瞬示療法という心理学の方法の利用です）

☆シールが市販されていますが二種類あります

紙に光沢のあるものと、ないものです。あるものが良いでしょう。

☆広告の紙などで光沢のある紙を 8 mm～ 9 mm におよそ切って用いても良いのです。

☆●の色によって見える色もちがいます。

・緑色の紙⇒うすいピンク

・紺色の紙⇒うすい黄色

・黒色の紙⇒白

☆組み合わせてみても面白いですよ

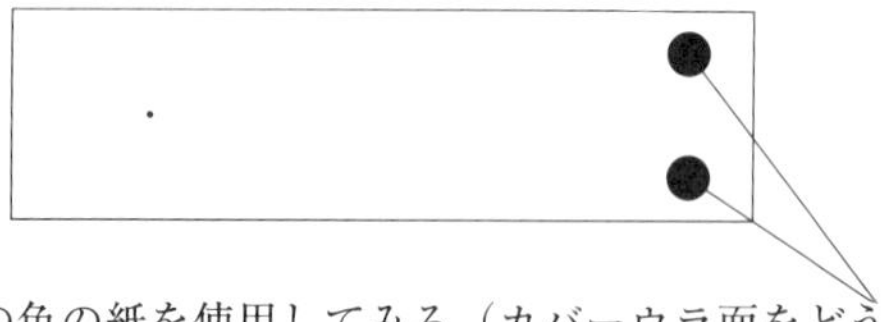

別々の色の紙を使用してみる（カバーウラ面をどうぞ）

集中力をつけるにもこれを利用してください

付録③-A

○○を＝対象	△△ために＝目的	□□しよう＝方法

○○を＝対象	△△ために＝目的	□□しよう＝方法

○○を＝対象	△△ために＝目的	□□しよう＝方法

付録③−B

○○を＝対象	△△ために＝目的	□□しよう＝方法

○○を＝対象	△△ために＝目的	□□しよう＝方法

○○を＝対象	△△ために＝目的	□□しよう＝方法

付録④

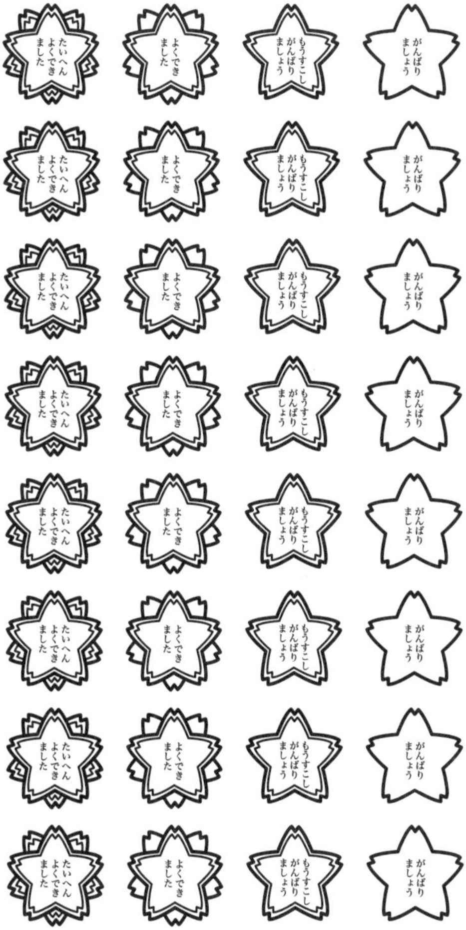
たいへんよくできました
よくできました
もうすこしがんばりましょう
がんばりましょう
たいへんよくできました
よくできました
もうすこしがんばりましょう
がんばりましょう
たいへんよくできました
よくできました
もうすこしがんばりましょう
がんばりましょう
たいへんよくできました
よくできました
もうすこしがんばりましょう
がんばりましょう
たいへんよくできました
よくできました
もうすこしがんばりましょう
がんばりましょう
たいへんよくできました
よくできました
もうすこしがんばりましょう
がんばりましょう
たいへんよくできました
よくできました
もうすこしがんばりましょう
がんばりましょう
たいへんよくできました
よくできました
もうすこしがんばりましょう
がんばりましょう

金子　保

現　職

さいたま市教育相談センター所長

職　歴

埼玉大学助手（教育心理学研究・教官コース）
大宮市公立小学校教諭
埼玉県立教育研究所・県立教育センター（所員・指導主事・教育相談室長・相談部長）
埼玉県立北教育センター（所員・指導主事・指導相談部長）
国際学院埼玉短期大学（幼児教育科教授、学生部長、幼児教育科学科長、図書館長）

主な社会的な仕事

文部省中央研修講師、文部省特別教育課程研修会講師、厚生省保育士研修会講師、文部省不登校指導資料作成委員など
埼玉県私立幼稚園連合会幼児教育センター相談員、財団法人田中教育研究所所員、埼玉県立総合教員センター等の業務嘱託（教育相談スーパーバイザー）
日本応用心理学会運営委員、日本学校教育相談学会名誉会員理事・埼玉支部理事長等を経て現在顧問、日本カウンセラー協会顧問
○教育心理学、臨床心理学関係の図書論文は多数

勉強できる子になる魔法の法則
—学力・脳力・得点力全て30％UP—
ISBN978-4-86053-087-7

2009年9月25日　第1刷発行
著　者　金子　保
イラスト　楠　恵三
発行者　佐藤民人

発行所　オクムラ書店
http://okumurabooks.com/
〒101-0061　東京都千代田区三崎町2-12-7
電話東京03（3263）9994
振替東京00180-5-149404

製版・印刷　㈱シナノ